Impressum
Verlag: BABADADA GmbH, Nedderfeld 112 , 22529 Hamburg
Geschäftsführer / Verlagsleitung: Harald Hof
Druck: Books on Demand GmbH, In de Tarpen 42, 22848 Norderstedt

Imprint
Publisher: BABADADA GmbH, Nedderfeld 112 , 22529 Hamburg, Germany
Managing Director / Publishing direction: Harald Hof
Print: Books on Demand GmbH, In de Tarpen 42, 22848 Norderstedt, Germany

ትምህርት ቤት

okul

መማሪያ ክፍል
sınıf
böl
186/2
ሰሌዳ
tahta
የትምህርት ቤት ቅጥር ግቢ
okul bahçesi
መምህር
öğretmen
ወረቀት
kağıt
መፃፍ
yazmak
እስክሪብቶ
kalem
መፃፊያ ጠረጴዛ
masa
ማስመሪያ
cetvel
kitap
ተማሪ
öğrenci

የጀርባ ቦርሳ

okul çantası

የእርሳስ መያዣ

kalemlik

እርሳስ

kurşun kalem

የእርሳስ መቅረጫ

kalem açacağı

ላጲስ

silgi

የስዕል ደብተር

çizim defteri

ስዕል
....
çizim

የቀለም ብሩሽ
....
resim fırçası

የቀለም ሳጥን
....
boya kutusu

መቀስ
....
makas

ማጣበቂያ
....
tutkal

መልመጃ ደብተር
....
alıştırma kitabı

የቤት ስራ
....
ödev

12

ቁጥር
....
sayı

2+2

መደመር
....
ekle

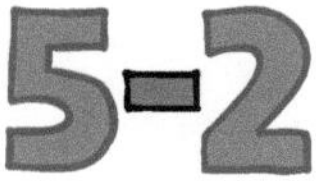

5-2

መቀነስ
....
çıkar

2×2

ማባዛት
....
çarp

ቁጥሮችን ማስላት
....
hesapla

A

ደብዳቤ
....
harf

**ABCDEFG
HIJKLMN
OPQRSTU
VWXYZ**

ፊደላት
....
alfabe

hello

ቃል
....
kelime

ፅሑፍ

metin

ማንበብ

okumak

ጠመኔ

tebeşir

ትምህርት

ders

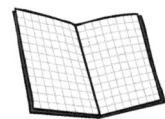

ምዝገባ

kayıt

ፈተና

sınav

ሰርተፊኬት

sertifika

የትምህርት ቤት የደንብ ልብስ

okul forması

ትምህርት

eğitim

አዉደ ጥበብ

ansiklopedi

ዩኒቨርስቲ

üniversite

የምርምር አጉሊ መሳርያ

mikroskop

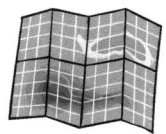

ካርታ

harita

የቆሻሻ ወረቀት መጣያ ቅርጫት

kağıt çöp kutusu

ሆቴል
otel
Grand
ማረፊያ ቤት
pansiyon
ROOMS
CHANGE
የውጭ ገንዘብ ምንዛሪ ቢሮ
döviz bürosu
ልብስ መያዣ ሻንጣ
bavul
መኪና
otomobil

ቋንቋ

dil

አዎ/ አይደለም

evet / hayır

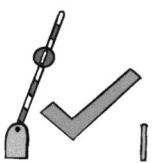

እሺ

Tamam

ሰላም

merhaba

አስተርጓሚ

çevirmen

አመሰግናለሁ

Teşekkür ederim

ስንት ነዉ.......?

bu ... ne kadar?

አልገባኝም

anlamadım

እክል

problem

እንደምን አመሹ!

İyi akşamlar!

እንደምን አደሩ!

Günaydın!

መልካም ምሽት!

İyi geceler!

ደህና ይሰንብቱ

güle güle

አቅጣጫ

yön

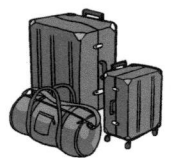

ሻንጣ

bagaj

ቦርሳ

çanta

የጀርባ ቦርሳ

sırt çantası

እንግዳ

misafir

ክፍል

oda

የመተኛ ቦርሳ

uyku tulumu

ድንኳን

çadır

የጎብኚዎች መረጃ

turist danışma

የባህር ዳርቻ

sahil

ክሬዲት ካርድ

kredi kartı

ቁርስ

kahvaltı

ምሳ

öğle yemeği

እራት

akşam yemeği

ቲኬት

Bilet

አሳንሰር

asansör

ማህተም

pul

ድንበር

sınır

ባህሎች

gümrük

ኤምባሲ

elçilik

ቪዛ/የይለፍ ወረቀት

vize

ፓስፖርት

pasaport

መጓጓዣ

ulaşım

አዉሮፕላን
uçak
መርከብ
gemi
የእሳት አደጋ መኪና
yangın söndürme pompası
otobüs
የጭነት መኪና
kamyon
የሞተር ጀልባ
motorlu tekne
ብስክሌት
bisiklet
መኪና
otomobil

የማመላለሻ ጀልባ

feribot

ጀልባ

bot

የሞተር ብስክሌት

motosiklet

የፖሊስ መኪና

polis arabası

የዉድድር መኪና

yarış arabası

የኪራይ መኪና

kiralık araba

የመኪና መጋራት

ortak araba

ጎታች መኪና

çekici

የቆሻሻ ጭነት መኪና

çöp kamyonu

ሞተር

motor

ነዳጅ

yakıt

የቤንዚን ማደያ

benzinlik

የመንገድ ምልክት

trafik işareti

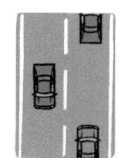

የመኪኖች እንቅስቃሴ

trafik

የመኪና መጨናነቅ

trafik sıkışıklığı

የመኪና ማቆሚያ

otopark

የባቡር ጣቢያ

tren istasyonu

የባቡር ሀዲዶች

ray

ባቡር

tren

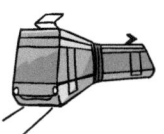

የኤሌክትሪክ ባቡር

tramvay

ረገላ

vagon

ሄሊኮፕተር
....
helikopter

አየር ማረፊያ
....
havaalanı

ማማ
....
kule

መንገደኛ
....
yolcu

ማስቀመጫ፤ ማጠራቀሚያ
....
konteyner

ካርቶን እቃ ማሸጊያ
....
koli

ጋሪ፤ ተሳቢ
....
yük arabası

ቅርጫት
....
sepet

መነሳት/ ማረፍ
....
kalkış / iniş

ከተማ

şehir

መንደር
....
köy

የከተማ ማዕከል
....
şehir merkezi

ቤት
....
ev

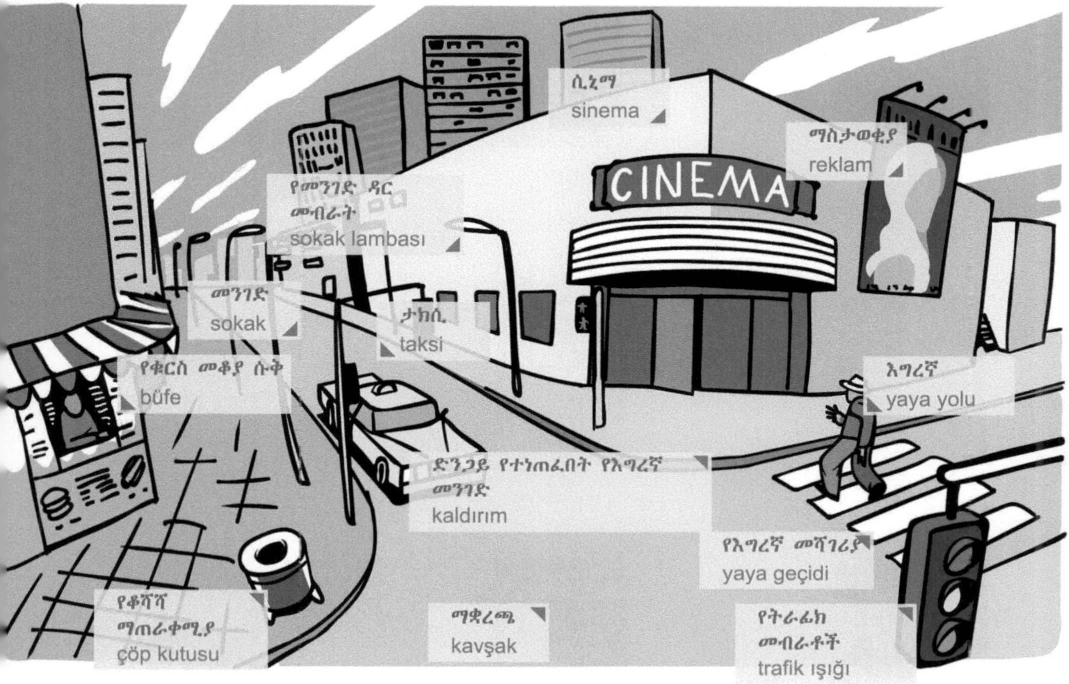

ሲኒማ
sinema
CINEMA
ማስታወቂያ
reklam
የመንገድ ዳር
መብራት
sokak lambası
መንገድ
sokak
ታክሲ
taksi
የቁርስ መቆያ ሱቅ
büfe
እግረኛ
yaya yolu
ድንጋይ የተነጠፈበት የእግረኛ
መንገድ
kaldırım
የእግረኛ መሻገሪያ
yaya geçidi
የቆሻሻ
ማጠራቀሚያ
çöp kutusu
ማቋረጫ
kavşak
የትራፊክ
መብራቶች
trafik ışığı

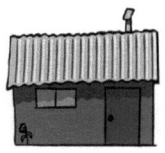

ጎጆ

kulübe

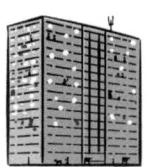

አፓርታማ

apartman dairesi

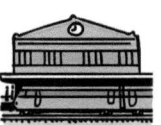

የባቡር ጣቢያ

tren istasyonu

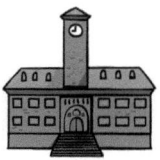

የከተማ አዳራሽ

belediye binası

MUSEUM

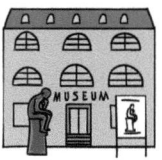

ቤተ መዘክር

müze

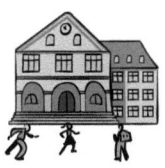

ትምህርት ቤት

okul

ዩኒቨርስቲ

üniversite

ባንክ

banka

ሆስፒታል

hastane

ሆቴል

otel

መድሐኒት ቤት

eczane

ቢሮ

ofis

መፅሐፍ መሸጫ

kitapçı

ሱቅ

mağaza

የአበባ መሸጫ

çiçekçi

የሸቀጣ ሸቀጥ መደብር

süpermarket

ገበያ ስፍራ

market

መደብር

büyük mağaza

የዓሳ ነጋዴ

balık satıcısı

የገበያ ማዕከል

alışveriş merkezi

ወደብ

liman

መናፈሻ ቦታ

park

አግዳሚ ወንበር

bank

ድልድይ

köprü

ደረጃዎች

merdiven

ዉስጥ ለዉስጥ

metro

ዋሻ

tünel

የአዉቶቡስ ፌርማታ

otobüs durağı

ባር

bar

ምግብ ቤት

restoran

የፖስታ ሳጥን

posta kutusu

የመንገድ ምልክት

sokak tabelası

የመኪና ማቆሚያ ሒሳብ የሚያስላ ማሽን

otopark sayacı

የደር እንስሳት ማቆያ

hayvanat bahçesi

የመዋ ገንዳ

yüzme havuzu

መስጊድ

cami

እርሻ

çiftlik

የሚበክል ነገር

kirlilik

መቃብር ስፍራ

mezarlık

ቤተ ክርስቲያን

kilise

መጫወቻ ሜዳ

oyun alanı

ቤተ መቅደስ

tapınak

መልክዓምድር

arazi

ቅጠል
yaprak
የመንገድ ላይ ምልክት
yön tabelası
መንገድ
yol
አረንጓዴ መስክ
çayır
ድንጋይ
taş
በእግሩ የሚጓዝ
yürüyüşçü
ዛፍ
ağaç
ወንዝ
ırmak
ሳር
çimen
አበባ
çiçek

ሸለቆ

vadi

ኮረብታ

tepe

ሀይቅ

göl

ጫካ

orman

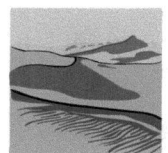

በረሃ

çöl

እሳተ ገሞራ

volkan

ግምብ

kale

ቀስተ ዳመና

gökkuşağı

እንጉዳይ

mantar

የቴምብር ዛፍ/ ዘንባባ

palmiye

ቢንቢ/ የወባ ትንኝ

sivrisinek

በራሪ

sinek

ጉንዳን

karınca

ንብ

arı

ሸረሪት

örümcek

ጢንዚዛ

böcek

እንቁራሪት

kurbağa

ሽኮኮ

sincap

ጃርት

kirpi

ጥንቸል

yabani tavşan

ጉጉት ወፍ

baykuş

ወፍ

kuş

የዉሃ ዳክዬ

kuğu

ከርከሮ

yaban domuzu

አጋዘን

geyik

አጋዘን

geyik

ግድብ

baraj

በነፋስ የሚሽከረከር

rüzgar türbini

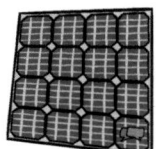

የፀሀይ ፓኔሎ

güneş paneli

አየር ንብረት

iklim

ምግብ ቤት
restoran

አስተናጋጅ
garson
ማዉጫ
menü
ወንበር
sandalye
ሾርባ
çorba
ፒዛ
pizza
የጠረጴዛ ጨርቅ
masa örtüsü
መክተፊያ
çatal - bıçak

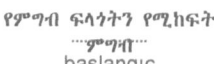

የምግብ ፍላጎትን የሚከፍት ምግብ
başlangıç

ዋና ምግብ
ana yemek

ማጣጣሚያ ተከታይ ምግብ
tatlı

መጠጦች
içecekler

ምግብ
yemek

ጠርሙስ
şişe

ፈጣን ምግብ

fastfood

የመንገድ ምግብ

sokak yemeği

የሻይ ማንቆርቆሪያ

çaydanlık

የስኳር እቃ

şekerlik

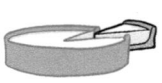

ድርሻ

porsiyon

የቡና ማፊያ ማሽን

espresso makinesi

ባለጌ ወንበር

mama sandalyesi

የክፍያ ደረሰኝ

fatura

ትሪ

tepsi

ቢላዋ

bıçak

ሹካ

çatal

ማንኪያ

kaşık

የሻይ ማንኪያ

çay kaşığı

ልብስ ምግብ እንዳይነካ የሚረዳ
ጨርቅ
servis peçetesi

ብርጭቆ

bardak

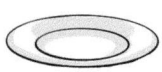

ዝርግ ሰሀን

tabak

የሾርባ ጎድጓዳ ሰሀን

çorba kasesi

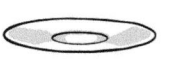

የስኒ ማስቀመጫ

fincan altlığı

ማጣፈጫ ስጎ

sos

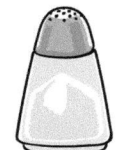

የጨዉ እቃ

tuzluk

የተፈጨ ቃሪያ

karabiber değirmeni

ኮምጣጤ

sirke

የምግብ ዘይት

yağ

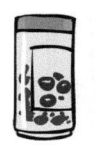

ቀመማ ቅመሞች

baharat

የቲማቲም ድልህ

ketçap

ሰናፍጭ

hardal

ማዮኒዝ

mayonez

የሸቀጣ ሸቀጥ መደብር

süpermarket

ልዩ አቅራቦት
özel teklif
FOR
ደምበኛ
müşteri
የወተት ተዋፅዖ
süt ürünleri
ፍራፍሬ
meyve
ባለ ጎማ የእጅ ጋሪ
alışveriş arabası

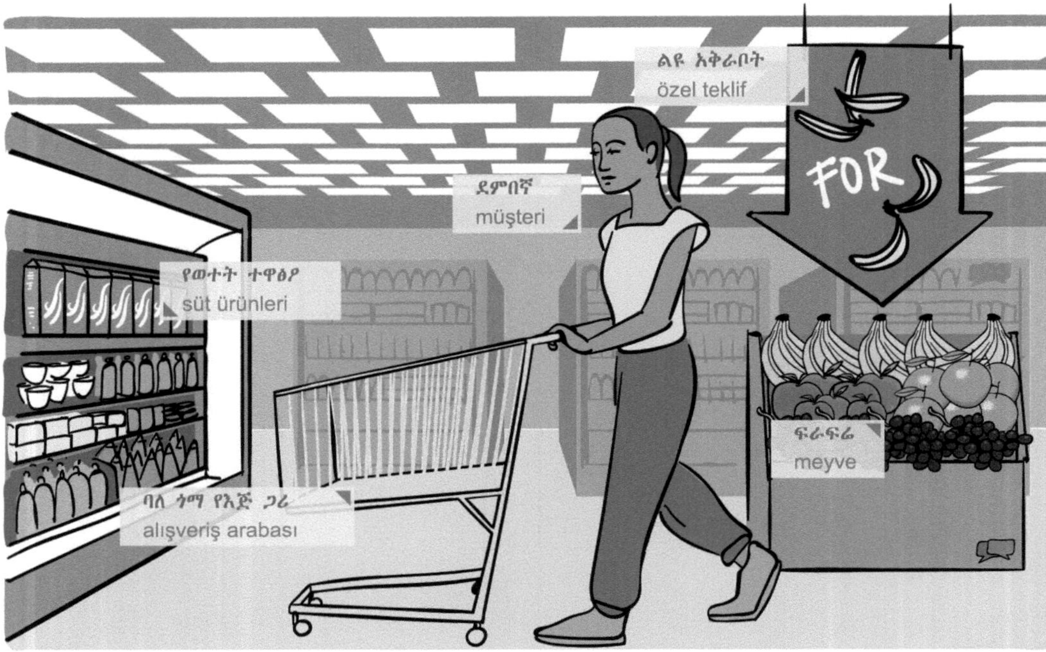

ሉካንዳ ነጋዴ

kasap

መጋገርያ

fırın

ክብደት መመዘን

tartmak

ቅጠላ ቅጠል አትክልት

sebze

ስጋ

et

የቀዘቀዘ/የረጋ ምግብ

donmuş gıda

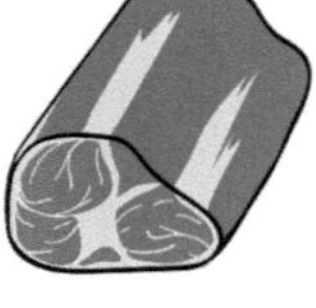

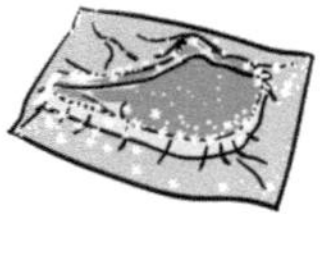

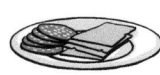

ቀዝቃዛ ቁራጭ
....
söğüş et

የታሸገ ምግብ
....
konserve yiyecek

የማጠቢያ ዱቄት
....
toz deterjan

ጣፋጮች
....
şekerlemeler

የቤት ዉስጥ ዉጤቶች
....
ev temizlik ürünleri

የፅዳት ምርቶች
....
temizlik ürünleri

የሽያጭ ባለሙያ
....
satış görevlisi

የገንዘብ መመዝቢያ ማሽን
....
yazar kasa

የሒሳብ ሰራተኛ
....
kasiyer

የግዢ ዝርዝር
....
alışveriş listesi

ክፍት ሰዓታት
....
açılış saatleri

የኪስ ቦርሳ
....
cüzdan

ክሬዲት ካርድ
....
kredi kartı

ቦርሳ
....
çanta

የፕላስቲክ ቦርሳ
....
plastik poşet

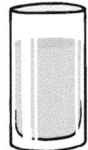

መጠጦች

içecekler

ውሃ
....
su

ጭማቂ
....
meyve suyu

ወተት
....
süt

ኮካ-ኮላ
....
kola

ወይን
....
şarap

ቢራ
....
bira

አልኮል
....
alkol

ኮካ
....
kakao

ሻይ
....
çay

ቡና
....
kahve

የተፈላ ቡና
....
espresso

ካፑቺኖ
....
kapuçino

ሙዝ

muz

ፖም

elma

ብርቱካን

portakal

ሀብሀብ

kavun

ሎሚ

limon

ካሮት

havuç

ነጭ ሽንኩርት

sarımsak

ሸምበቆ

bambu

ቀይ ሽንኩርት

soğan

እንጉዳይ

mantar

ለዉዝ

çerez

የህፃናት ምግብ

makarna

ፓስታ

spagetti

ሩዝ

pirinç

ሰላጣ

salata

የድንች ጥብስ

cips

ድንች ጥብስ

patates kızartması

ፒዛ

pizza

ዳቦ ዉስጥ በስሱ ተጠብሶ የገባ ስጋ

hamburger

ሳንድዊች

sandviç

ጥሬ ስጋ

şinitzel

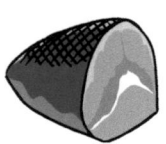

የአሳማ ስጋ

pastırma

በቅመምና በጨዉ የታሸ ምግብ ቀዝቅዞ የሚበላ ሾርባ ምግብ

salam

ቋሊማ

sosis

ዶሮ

tavuk

ጥብስ

rosto

አሳ

balık

የአጃ ገንፎ
yulaf ezmesi

ከወተት ጋር ተደባልቀዉ የሚበሉ ምግቦች
müsli

የበቆሎ ቅርፊት
mısır gevreği

ዱቄት
un

ኩራሳ
kruvasan

ድብልብል ዳቦ
küçük ekmek

ዳቦ
ekmek

መጥበስ
tost

ብስኩት
bisküvi

ቅቤ
tereyağı

እርጎ
kaymak

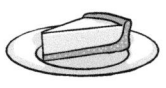

ኬክ
kek

እንቁላል
yumurta

እንቁላል ጥብስ
sahanda yumurta

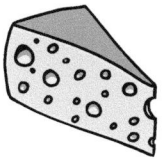

አይብ
peynir

የበረዶ ክሬም

dondurma

ስኳር

şeker

ማር

bal

ማርማላት

reçel

የተናጠ የወተት ክሬም

fındık ezmesi

ማጣፈጫ

köri

እርሻ

çiftlik

የጭድ ክምር
sap toplama makinesi
የእህልና የከብት ማቀመጫ ቤት
tahıl ambarı
ሜዳ
tarla
ፈረስ
at
ተሳቢ መኪና
römork
የእርሻ መኪና
traktör
የፈረስ ዉርንጭላ
tay
አህያ
eşek
በግ
koyun
የበግ ጠቦት
kuzu

ፍየል

keçi

ላም

inek

ጥጃ

buzağı

አሳማ

domuz

ግልገል አሳማ

domuz yavrusu

ኮርማ

boğa

ዝይ
....
kaz

ዳክዬ
....
ördek

የዶሮ ጫጩት
....
civciv

ዶር
....
tavuk

አውራ ዶሮ
....
horoz

አይጥ
....
sıçan

ደድመት
....
kedi

አይጥ
....
fare

በሬ
....
öküz

ዉሻ
....
köpek

የዉሻ ቤት
....
köpek kulübesi

የአትክልት ቦታ
....
bahçe hortumu

ዉሃ ማጠጫ ባልዲ
....
sulama kabı

ረጅም ማጭድ
....
tırpan

ማረሻ
....
pulluk

ማጭድ

orak

መኮትኮቻ

çapa

የእህል መንሽ

dirgen

መጥረቢያ

balta

ኩርኩር/ የእጅ ጋሪ

el arabası

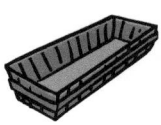

ገንዳ

yemlik

የወተት ዕቃ

süt kovası

ጆንያ ከረጢት

çuval

አጥር

çit

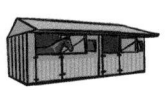

የፈረስ ጋጣ

ahır

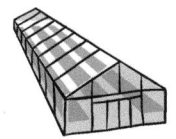

ዕፅዋት ማሳደጊያ የመስታዉት ቤት

sera

አፈር

toprak

ዘር

tohum

የመሬት ማዳበሪያ

gübre

ጥምር ማረሻ

biçerdöver

እርሻ - çiftlik

አዝመራ መሰብሰብ

hasat etmek

አዝመራ

harman

ድንች

tatlı patates

ስንዴ

buğday

ሶያ

soya

ድንች

patates

በቆሎ

mısır

የከብት መኖ

kolza

የፍሬ ዛፍ

meyve ağacı

የካሳቫ ዛፍ

manyok

እህል

hububat

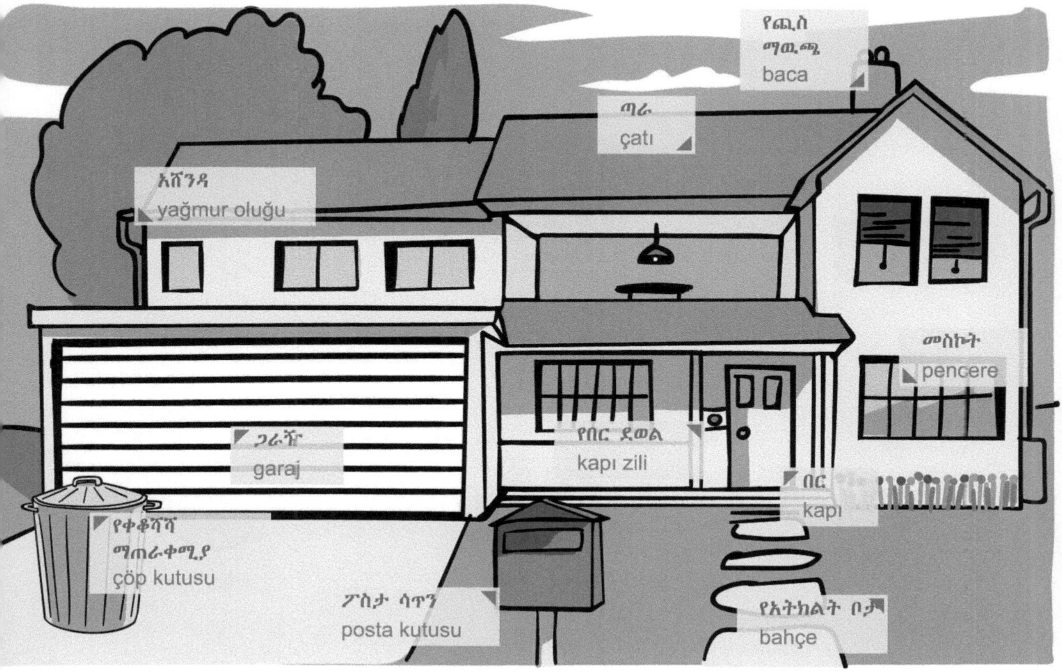

የጪስ ማዉጫ
baca
ጣራ
çatı
አሸንዳ
yağmur oluğu
መስኮት
pencere
ጋራዥ
garaj
የበር ደወል
kapı zili
በር
kapı
የቆሻሻ ማጠራቀሚያ
çöp kutusu
ፖስታ ሳጥን
posta kutusu
የአትክልት ቦታ
bahçe

ሳሎን

oturma odası

መታጠቢያ ቤት

banyo

ማድቤት

mutfak

መኝታ ቤት

yatak odası

የልጅ ክፍል

çocuk odası

መመገቢያ ክፍል

yemek odası

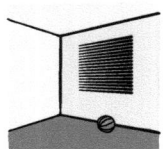

ወለል
zemin

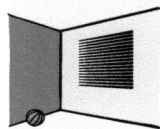

ግድግዳ
duvar

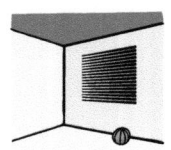

ጣሪያ
tavan

ምድር ቤት
kiler

በእንፋሎት ሙቀት መታጠቢያ
ቤት
sauna

ሰገነት
balkon

ከፍ ያለ መደብ
teras

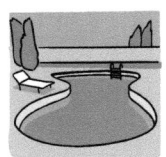

የመዋኛ ገንዳ
havuz

የማጨጃ መኪና
çim biçme makinesi

አንሶላ
çarşaf

የአልጋ ልብስ
yatak örtüsü

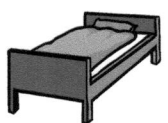

አልጋ
yatak

መጥረጊያ
süpürge

ባልዲ
kova

ማብሪያና ማጥፊያ
anahtar

ሳሎን

oturma odası

የግድግዳ ወረቀት
duvar kağıdı
ፎቶ
resim
መብራት
lamba
መደርደሪያ
raf
ቁም ሳጥን፣ ካቢኔ
dolap
televizyon
የእሳት መሞቂያ
şömine
አበባ
çiçek
ትራስ
minder
ሶፋ
kanepe
የአበባ ማስቀመጫ
vazo
ሪሞት ኮንትሮል
uzaktan kumanda

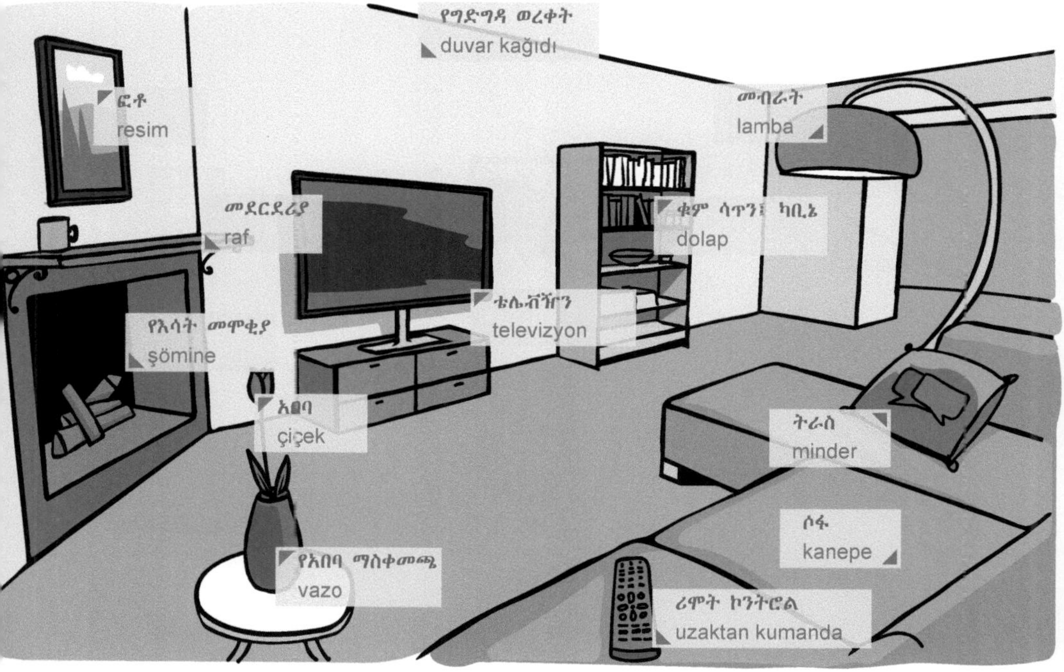

ንጣፍ

halı

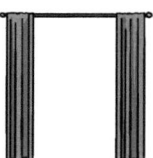

መጋረጃ

perde

ጠረጴዛ

masa

ወንበር

sandalye

ተወዛዋዥ ወንበር

salıncaklı koltuk

ባለመደገፊያ ወንበር

koltuk

መጽሐፍ

kitap

ብርድ ልብስ

battaniye

ጌጥ

dekor

ማገዶ

odun

ፊልም

film

የሙዚቃ መማጫወቻ

hi-fi

ቁልፍ

anahtar

ጋዜጣ

gazete

ስዕል

tablo

የተለጠፈ ማስታወቂያ እንደ ስዕል

poster

ራዲዮ

radyo

ማስታወሻ ደብተር

defter

የአየር ማፅጃ ለምንጣፍ

elektrikli süpürge

ቁልቋል

kaktüs

ሻማ

mum

ማድቤት

mutfak

ማቀዝቀዣ
buzdolabı
ማይክሮዌቭ ምግብ ማብሰያ
mikrodalga fırın
የኩሽና መመዘኛ ሚዛን
ዳቦ መጥበሻ
tost makinesi
ንፁህ ማድረጊያ
deterjan
ምድጃ
fırın
ማቀዝቀዣ
buzluk
የቆሻሻ ማጠራቀሚያ
çöp kutusu
እቃ ማጠቢያ
bulaşık makinesi

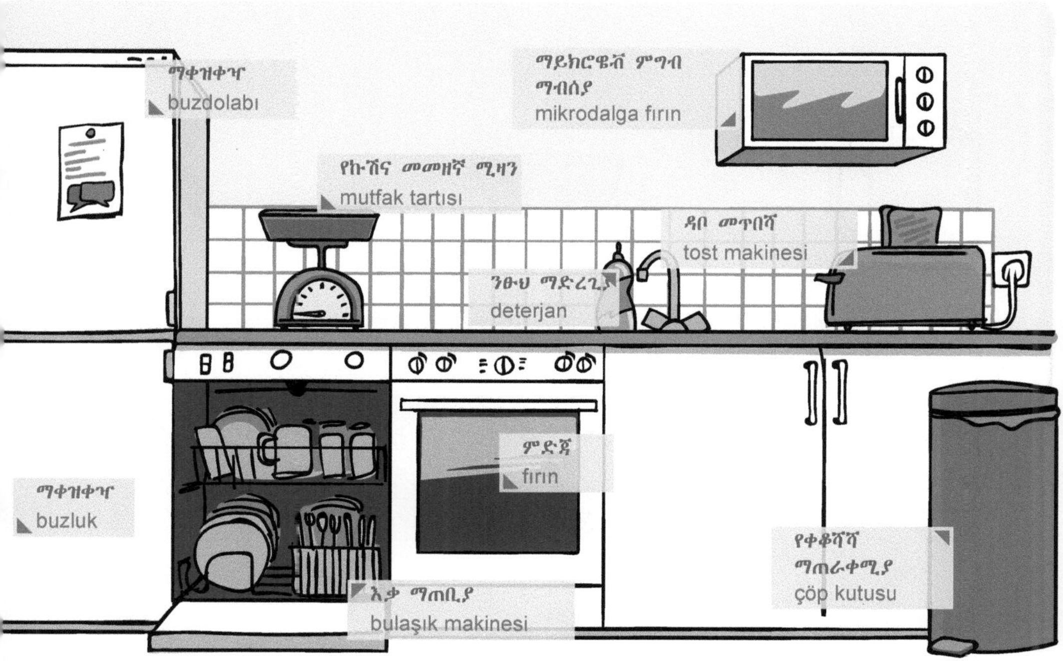

ምግብ አብሳይ

ocak

ማሰሮ

tencere

የብረት ማሰሮ

döküm tencere

ምግብ ማብሰያ ዝርግ ድስት

wok

የምግብ መጥበሻ

tava

ማንቆርቆሪያ

su ısıtıcı

የእንፋሎት ማብሰያ

buharlı pişirici

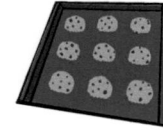

የመጋገሪያ ትሪ

pişirme tepsisi

ሰብስቦች

tabak takımı

ትልቅ ኩባያ

kupa

ጎድጓዳ ሳህን

kase

ቾፕስቲክስ

çubuk (çin yemeği)

ጭልፋ

kepçe

መሰቅሰቂያ ዝርግ ማንኪያ

spatula

ማደባለቂያ

çırpma teli

መወጠሪያ

süzgeç

ወንፊት

elek

መፈርፈሪያ መሳሪያ

rende

ሲሚንቶ

havan

የፍም ጥብስ

barbekü

የተለቀቀ እሳት

açık ateş

መክተፊያ

....

kesme tahtası

ተንሸራታች መርፌ

....

merdane

የጠርሙስ መክፈቻ

....

tirbüşon

ጣሳ

....

konserve kutusu

የጣሳ መክፈቻ

....

konserve açacağı

የማሰሮ መሸፈኛ

....

fırın eldiveni

ሳህን ማጠቢያ

....

evye

ብሩሽ

....

fırça

ስፖንጅ

....

sünger

መደባለቂያ መሳሪያ

....

blender

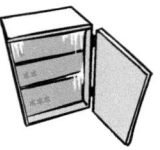

በጣም ማቀዝቀዣ

....

derin dondurucu

ጡጦ

....

biberon

ቧንቧ

....

musluk

መታጠቢያ ቤት

banyo

ማሞቂያ
ısıtma
መታጠቢያ
duş
ፎጣ
havlu
የመታጠቢያ ቤት መጋረጃ
duş perdesi
የአረፋ መታጠቢያ
köpük banyosu
የመታጠቢያ ገንዳ
küvet
ብርጭቆ
bardak
የልብስ ማጠቢያ
çamaşır makinesi
ቧንቧ
musluk
ማዕዘን ወለል
fayans
ፖፖ
lazımlık
ሳህን ማጠቢያ
evye

ሽንት ቤት

tuvalet

የሽንት ቤት መቀመጫ

alaturka tuvalet

ሳፋ

bide

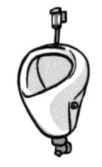

የመንገድ ዳር መሽኛ

pisuvar

የሽንት ቤት ወረቀት

tuvalet kağıdı

የሽንት ቤት ማፅጃ ብሩሽ

tuvalet fırçası

38 መታጠቢያ ቤት - banyo

የጥርስ ብሩሽ

diş fırçası

የጥርስ ሳሙና

diş macunu

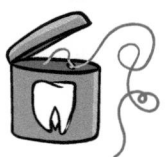

የጥርስ ማፅጃ ክር

diş ipi

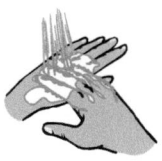

መታጠብ

yıkamak

የእጅ መታጠቢያ

duş başlığı

መታጠቢያ

duş başlığı şeklinde taharet musluğu

ጎድጓዳ ሳህን

küvet

የጀርባ ብሩሽ

banyo fırçası

ሳሙና

sabun

የመታጠቢያ የሚዝለገለግ ሳሙና

duş jeli

የፀጉር መታጠቢያ ሳሙና

şampuan

ለስላሳ ጨርቅ

banyo lifi

ፍሳሽ

gider

ክሬም

krem

ጠረን መቀየሪያ ንጥረ ነገር

deodorant

መስታወት

ayna

የእጅ መስታወት

el aynası

ምላጭ

jilet

የመላጫ አረፋ

tıraş köpüğü

ከመላጨት በኋላ የሚቀባ ሽቱ

tıraş losyonu

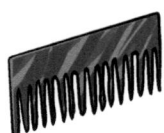

ማበጠሪያ

tarak

ብሩሽ

fırça

የፀጉር ማድረቂያ

saç kurutma makinesi

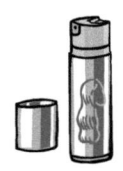

በፀጉር ላይ የሚነፋ

saç spreyi

የፊት መቀባቢያ

makyaj

የከንፈር ቀለም

ruj

የጥፍር ቀለም

tırnak cilası

የጥጥ ሱፍ

pamuk

ጥፍር መቁረጫ

tırnak makası

ሽቶ

parfüm

ማጠቢያ ባልዲ

....

makyaj çantası

መቀመጫ

....

tabure

ሚዛን

....

tartı

የመታጠቢያ ልብስ

....

bornoz

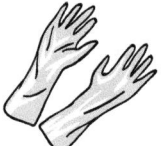

የላስቲክ ጓንት

....

lastik eldiven

ሞዴስ

....

tampon

የፅዳት ፎጣ

....

kadın pedi

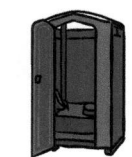

የሽንት ቤት ኬሚካል

....

kimyevi tuvalet

የልጅ ክፍል

çocuk odası

çalar saat
የህፃን አሻንጉሊት
peluş oyuncak
የመጫወቻ መኪና
oyuncak araba
ማንገጫገጫ
መጫወቻ
çıngırak
የአሻንጉሊት ቤት
bebek evi
ስጦታ
hediye

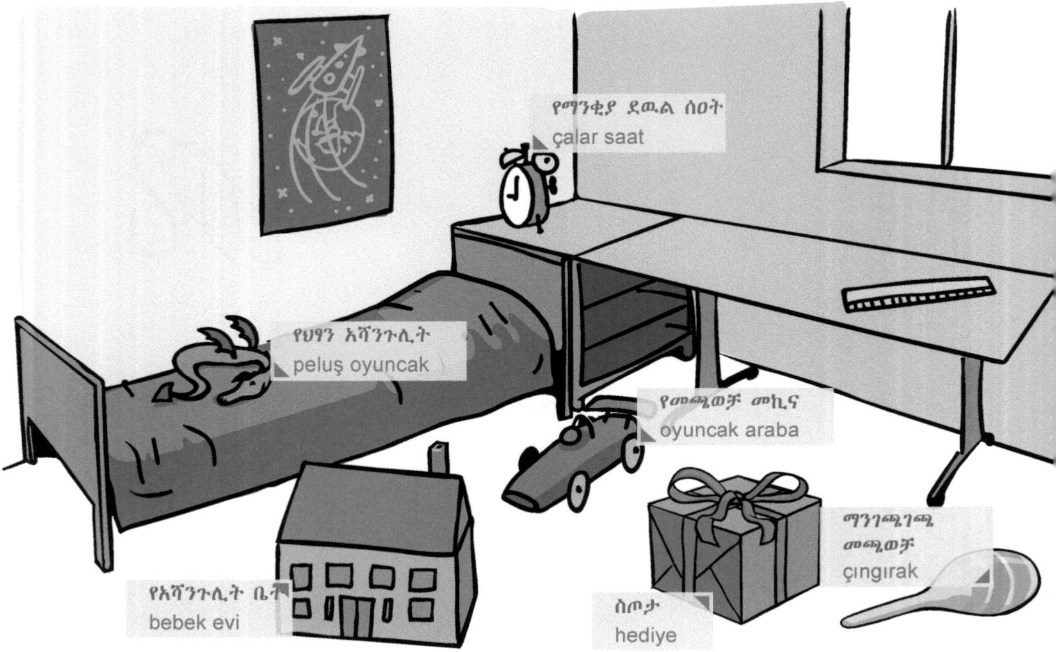

ፊኛ

balon

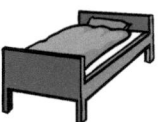

አልጋ

yatak

የህፃን ማንሸራሸሪያ ጋሪ

bebek arabası

የካርታ መጫወቻ

kart destesi

ቁርጥራጭ ምስሎችን የማገጣጠም
እና ምስል የማግኘት ጨዋታ

yapboz

አዝናኝ

çizgi roman

ተገጣጣሚ መጫወቻ

lego tuğlaları

የመጫወቻ መገጣጠሚያዎች

lego blokları

የድርጊት ምስል

aksiyon figürü

የህፃን እድገት

zıbın

የፕላስቲክ መጫወቻ ዝርግ ሰሀን

frizbi

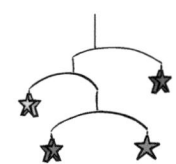

ተወዛዋዥ የህፃን ማጫወቻ

dönence

የሰሌዳ ጨዋታ

masa oyunu

የመጫወቻ ጠጠር

zar

የመጫወቻ ባቡር

model tren seti

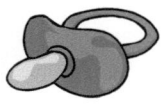

የእንጀራ እናት ጡጦ

emzik

ድግስ

parti

የስዕል መፅሀፍ

resimli kitap

ኳስ

top

አሻንጉሊት

oyuncak bebek

መጫወት

oynamak

የአሸዋ መጫወቻ

kum havuzu

ዥዋዥዌ

salıncak

መጫወቻዎች

oyuncaklar

የቪዲዮ መጫወቻ

video oyun konsolu

ባለ ሶስት ጎማ ብስክሌት

üç tekerlekli bisiklet

የአሻንጉሊት ድብ

oyuncak ayı

ቁምሳጥን

gardırop

አልባሳት

kıyafet

ካልሲዎች

çorap

ስቶኪንጎች

külotlu çorap

ታይት

tayt

የአንገት ልብስ
eşarp

ግንጥላ
şemsiye

ከናቴራ
tişört

ቀበቶ
kemer

ቦቲ
bot

የቤት ዉስጥ ነጠላ ጫማ
terlik

ስኒከሮች
spor ayakkabı

ነጠላ ጫማዎች
sandalet

ጫማዎች
ayakkabı

የዝናብ ቡትስ
lastik çizme

ሙታንታ
külot

ጡት መያዣ
sütyen

ሰደርያ
yelek

ሰዉነት

dar bluz

ሱሪዎች

pantolon

ጅንስ

kot pantolon

ጉርድ ቀሚስ

etek

ሸሚዝ

bluz

ሸሚዝ

gömlek

የሚጠለቅ ሹራብ

kazak

ሹራብ

süveter

ዩኒፎርም ጃኬት

blazer

ጃኬት

ceket

ኮት

mont

የዝናብ ኮት

yağmurluk

ልብስ

kostüm

ቀሚስ

elbise

የሙሽራ ቀሚስ

gelinlik

ሱፍ

takım elbise

የለሊት ልብስ

gecelik

የለሊት ልብስ

pijama

ረጅም ቀሚስ

sari

ሂጃብ

baş örtüsü

ጥምጣም

türban

ቡርቃ

burka

ሽርጥ

kaftan

አባያ

çarşaf

የዋና ልብስ

mayo

አጭር ቁምጣ

erkek mayosu

ቁምጣዎች

şort

የስራ ቱታ

eşofman

ሽርጥ

önlük

ጓንት

eldiven

ቁልፍ

....

düğme

መነፅር

....

gözlük

አምባር

....

bilezik

የአንገት ሀብል

....

kolye

ቀለበት

....

yüzük

የጆሮ ጌጥ

....

küpe

ኮፍያ

....

kep

የኮት መስቀያ

....

portmanto

ኮፍያ

....

şapka

ከረቫት

....

kravat

ዚፕ

....

fermuar

የብረት ቆብ

....

kask

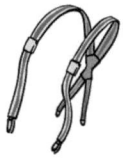

መደገፊያ

....

pantolon askısı

የትምህርት ቤት የደንብ ልብስ

....

okul forması

የደንብ ልብስ

....

üniforma

መሃረብ

mama önlüğü

የእንጀራ እናት ጡጦ

emzik

ሽንት ጨርቅ

bebek bezi

ቢሮ

ofis

sunucu
የፋይል መደርደሪያ ካቢኔ
dosya dolabı
የህትመት መሳሪያ
yazıcı
ወረቀት
kağıt
መቆጣጠሪያ
monitör
መፃፊያ ጠረጴዛ
masa
fare
ማህደር
klasör
የመፃፊ ቁልፎች
klavye
የቆሻሻ ወረቀት መጣያ ቅርጫት
kağıt çöp kutusu
ኮምፒዉተር
bilgisayar
ወንበር
sandalye

የቡና መጠጫ ትልቅ ኩባያ

kahve fincanı

ማስሊያ ማሽን

hesap makinesi

ኢንተርኔት

internet

ላፕቶፕ

dizüstü

ደብዳቤ

mektup

መልዕክት

mesaj

ተንቀሳቃሽ ስልክ

cep telefonu

የግንኙነት አዉታር

ağ

ማባዣ ማሽን

fotokopi makinesi

ሶፍትዌር

yazılım

ስልክ

telefon

የግድግዳ ሶኬት

priz

የፋክስ ማሽን

faks makinesi

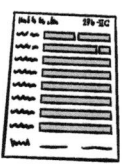

ቅፅ

form

ሰነድ

belge

መግዛት

satın almak

መክፈል

ödemek

መነገድ

ticaret yapmak

ገንዘብ

para

ዶላር

dolar

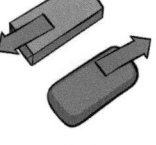

ዩሮ

avro

የን

yen

ሩብል

ruble

የስዊዝ ፍራንክ

İsviçre frangı

ሬንሚንቢ ዩዋን

Çin yuanı

ሩፒ

rupi

የገንዘብ ነጥብ

kasa

የዉጭ ገንዘብ ምንዛሪ ቢሮ

döviz bürosu

ወርቅ

altın

ብር

gümüş

ዘይት

petrol

ሀይል፤ ጉልበት

enerji

ዋጋ

fiyat

ግንኙነት

kontrat

ቀረጥ

vergi

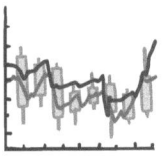

አክስዮን

menkul değer

መስራት

çalışmak

ተቀጣሪ

işveren

ቀጣሪ

işçi

ፋብሪካ

fabrika

ሱቅ

mağaza

የፖሊስ አዛዥ
polis memuru

የእሳት አደጋ ሰራተኛ
itfaiyeci

ምግብ አብሳይ
aşçı

ዶክተር
doktor

አብራሪ
pilot

አትክልተኛ

bahçıvan

አናጢ

marangoz

ልብስ ሰፊ ሴት

terzi

ዳኛ

hakim

ቀማሚ

kimyager

ተዋናይ

aktör

የአዉቶቢስ ሹፌር

otobüs şoförü

የታክሲ ሹፌር

taksi şoförü

አሳ አጥማጅ

balıkçı

ፅዳት ሰራተኛ

temizlikçi

የጣራ ሰራተኛ

çatı ustası

አስተናጋጅ

garson

አዳኝ

avcı

ሰዓሊ

boyacı

ጋጋሪ

fırıncı

የኤሌትሪክ ሰራተኛ

elektrikçi

ገምቢ

inşaatçı

መሃሃዲስ

mühendis

ልኳንዳ

kasap

የቧንቧ ሰራተኛ

muslukçu

የፖስታ ሰራተኛ

postacı

ወታደር

asker

መሃንዲስ

mimar

የሒሳብ ሰራተኛ

kasiyer

አበባ ሻጭ

çiçekçi

የፀጉር ሰራተኛ

kuaför

ቲኬት ቆራጭ

kondüktör

መካኒክ

tamirci

ካፒቴን

kaptan

የጥርስ ሐኪም

dişçi

ተመራማሪ

bilim insanı

መምህር

haham

የሙስሊም ሃይማኖታዊ መሪ

imam

መነኩሴ

keşiş

ካህን

rahip

መሳሪያዎች

aletler

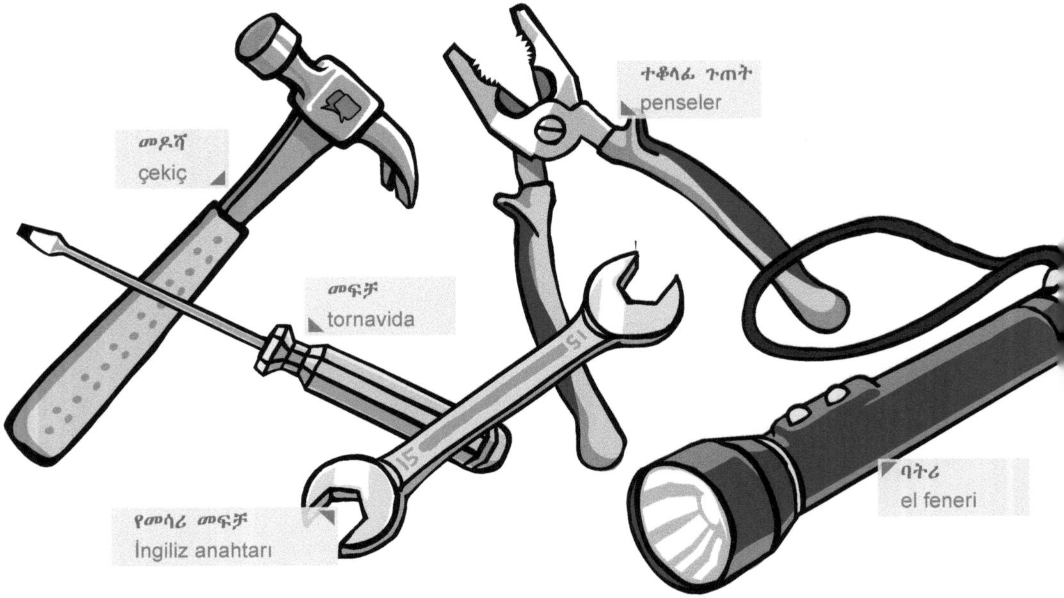

ተቆላፊ ጉጠት
penseler
መዶሻ
çekiç
መፍቻ
tornavida
ባትሪ
el feneri
የመሳሪ መፍቻ
İngiliz anahtarı

በቁፋሮ የሚዝቅ

kazı makinesi

የመፍቻ ሳጥን

alet çantası

መሰላል

merdiven

መጋዝ

testere

ምስማር

çiviler

መሰርሰሪያ

matkap

መጠገን

tamir etmek

አካፋ

kürek

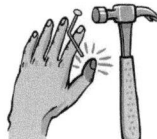

የተረገመ!

Kahretsin!

ቆሻሻ ማፈሻ

faraş

የቀለም ቆርቆሮ

boya tenekesi

ብሎን

vidalar

የሙዚቃ መሳሪያዎች

müzik enstrümanı

የድምፅ ማጉያ መሳርያ
hoparlör
የከበሮ መሳሪያዎች
bateri seti
ክራር መሰል የሙዚቃ መሳሪያ
gitar
ድርብ ቤዝ ጊታር
kontrbas
የትንፋሽ ሙዚቃ መሳሪያ
trompet

ፒያኖ

....

piyano

ቫዮሊን

....

keman

ወፍራም፤ ጎርናና ድምፅ ያለዉ ክራር መሰል ሙዚቃ መሳሪያ

....

basgitar

ነጋሪት

....

timpani

ከበሮ

....

bateri

በኤሌክትሪክ የሚሰራ ፒኖ

....

klavye

የትንፋሽ ሙዚቃ መሳሪያ

....

saksafon

ዋሽንት

....

flüt

የድምፅ ማጉያ

....

mikrofon

የደር እንስሳት ማቆያ

hayvanat bahçesi

ነብር
kaplan
መግቢያ
giriş
ሳጥን
kafes
የሜዳ አህያ
zebra
የእንስሳ ምግብ
hayvan yemi
ትልቅ ድብ
panda

እንስሳቶች

....

hayvanlar

ዝሆን

....

fil

ካንጋሮ

....

kanguru

አዉራሪስ

....

gergedan

ትልቅ ዝንጀሮ

....

goril

ድብ

....

ayı

ግመል

....

deve

ሰጎን

....

deve kuşu

አንበሳ

....

aslan

ጦጣ

....

maymun

ቅልጥመ ረዥም ወፍ

....

flamingo

በቀቀን

....

papağan

የወዋልታ ድብ

....

kutup ayısı

የዋልታ ወፎች

....

penguen

ረጅም ጥርሶች ያሉትአሳ ነባሪ

....

köpek balığı

ጣዎስ

....

tavus kuşu

እባብ

....

yılan

አዞ

....

timsah

የዱር አራዊት የሚጠበቁበት ማቆያን የሚጠብቅ

....

hayvanat bahçesi görevlisi

አሳ በሊታ የባህር እንስሳ

....

fok

የዱር ድመት

....

jaguar

ድንክ ፈረስ

....

midilli atı

ነብር

....

leopar

ጉማሬ

....

su aygırı

ቀጭኔ

....

zürafa

ንስር

....

kartal

ከርከሮ

....

yaban domuzu

አሳ

....

balık

የባህር ኤሊ

....

kaplumbağa

የባህር አዉሬ

....

mors

ቀበሮ

....

tilki

የሜዳ ፍየል፤ ሚዳቋ

....

ceylan

የስፖርት አይነቶች

sporlar

የአሜሪካ እግርኳስ
amerikan futbolu
የብስክሌት ስፖርት
bisiklete binme
ቴኒስ
tenis
የቅርጫት ኳስ
basketbol
ዋና
yüzme
የቡጢ ስፖርት
boks
የበረዶ ላይ የገና ጨዋታ
buz hokeyi

እግር ኳስ

futbol

የላባ ኳስ ጨዋታ

badminton

አትሌቲክስ

atletizm

የእጅ ኳስ ስፖርት

hentbol

የበረዶ መንሸራተት ስፖርት

kayak

ፈረስ ግልቢያ

polo

መዝለል
atlamak

ማቀፍ
sarılmak

መሳቅ
gülmek

መራመድ
yürümek

መዝመር
söylemek

ህልም ማለም
hayal etmek

መጸለይ
dua etmek

መሳም
öpmek

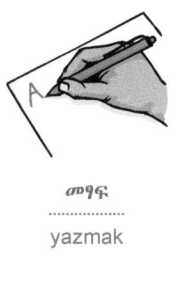

መጻፍ
yazmak

መሳል
çizmek

ማሳየት
göstermek

መግፋት
itmek

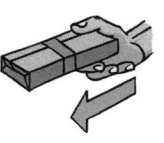

መስጠት
vermek

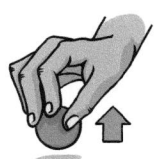

መዉሰድ
almak

መያዝ

sahip olmak

ማድረግ

yapmak

መሆን

olmak

መቆም

ayakta durmak

መሮጥ

koşmak

መሳብ

çekmek

መወርወር

atmak

መዉደቅ

düşmek

መዋሸት

yalan söylemek

መጠበቅ

beklemek

መሸከም

taşımak

መቀመጥ

oturmak

መልበስ

giyinmek

መተኛት

uyumak

መንቃት

uyanmak

መመልከት

bakmak

ማለልቀስ

ağlamak

መጫር

vurmak

ማበጠር

taramak

ማዉራት

konuşmak

መረዳት

anlamak

ጥያቄ

sormak

ማዳመጥ

dinlemek

መጠጣት

içmek

መብላት

yemek

ማንፃት

düzenlemek

ማፍቀር

sevmek

ምግብ ማብሰል

pişirmek

መንዳት

sürmek

መብረር

uçmak

መርከብ መንዳት
denize açılmak

ቁጥሮችን ማስላት
hesapla

ማንበብ
okumak

መማር
öğrenmek

መስራት
çalışmak

ማግባት
evlenmek

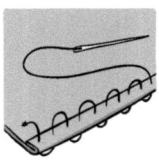

መስፋት
dikmek

ጥርስ መቦረሽ
diş fırçalamak

መግደል
öldürmek

ማጨስ
sigara içmek

መላክ
yollamak

የሴት አያት
büyükanne

የወንድ አያት
büyükbaba

አባት
baba

እናት
anne

ህፃን
bebek

ሴት ልጅ
kız

ወንድ ልጅ
oğul

እንግዳ
misafir

አክስት
teyze

አጎት
amca

ወንድም
erkek kardeş

እህት
kız kardeş

አካል

vücut

ግንባር
alın
አይን
göz
ትከሻ
omuz
ጣት
parmak
ፊት
yüz
አገጭ
çene
እጅ
el
እግር
bacak
ጡት
göğüs
ክንድ
kol

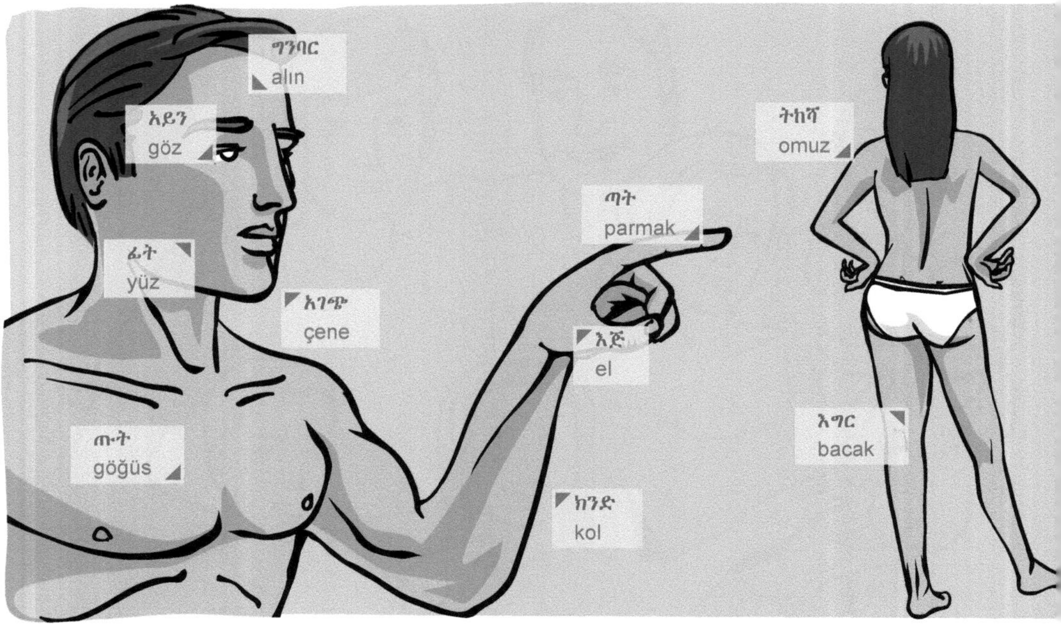

ህፃን

bebek

ሰዉ

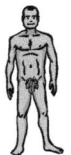

adam

ሴት

kadın

ልጃገረድ

kız

ወንድ ልጅ

erkek çocuk

ራስ

baş

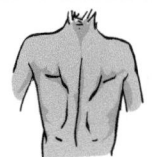

ጀርባ

sırt

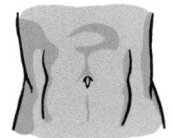

ሆድ

karın

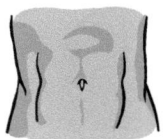

እምብርት

göbek

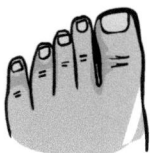

የእግር ጣት

ayak parmağı

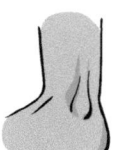

ተረከዝ

topuk

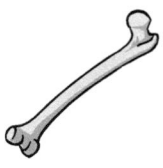

አጥንት

kemik

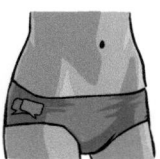

ዳሌ

kalça

ጉልበት

diz

ክርን

dirsek

አፍንጫ

burun

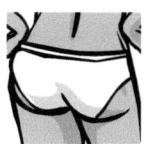

ቂጥ

kalça

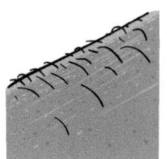

ቆዳ

deri

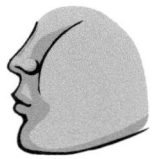

ጉንጭ

yanak

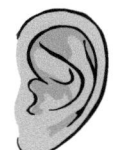

ጆሮ

kulak

ከንፈር

dudak

አፍ

ağız

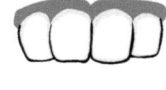

ጥርስ

diş

ምላስ

dil

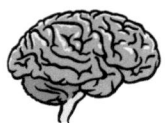

አንጎል

beyin

ልብ

kalp

ጡንቻ

kas

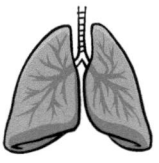

ሳምባ

akciğer

ጉበት

karaciğer

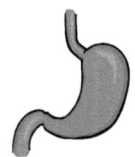

ሆድ

mide

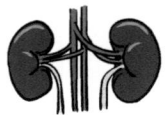

ኩላሊቶች

böbrekler

የግብረስጋ ግንኙነት

seks

ኮንዶም

prezervatif

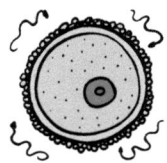

የሴት እንቁላል

yumurtalık

የዘር ፈሳሽ

sperm

እርግዝና

hamilelik

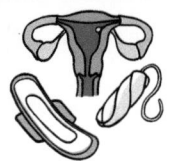

የወር አበባ
....

regl

እምስ
....

vajina

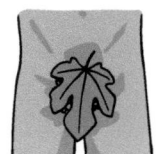

ቁላ
....

penis

ቅንድብ
....

kaş

ፀጉር
....

saç

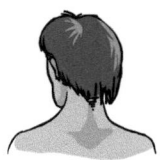

አንገት
....

boyun

ሆስፒታል
hastane

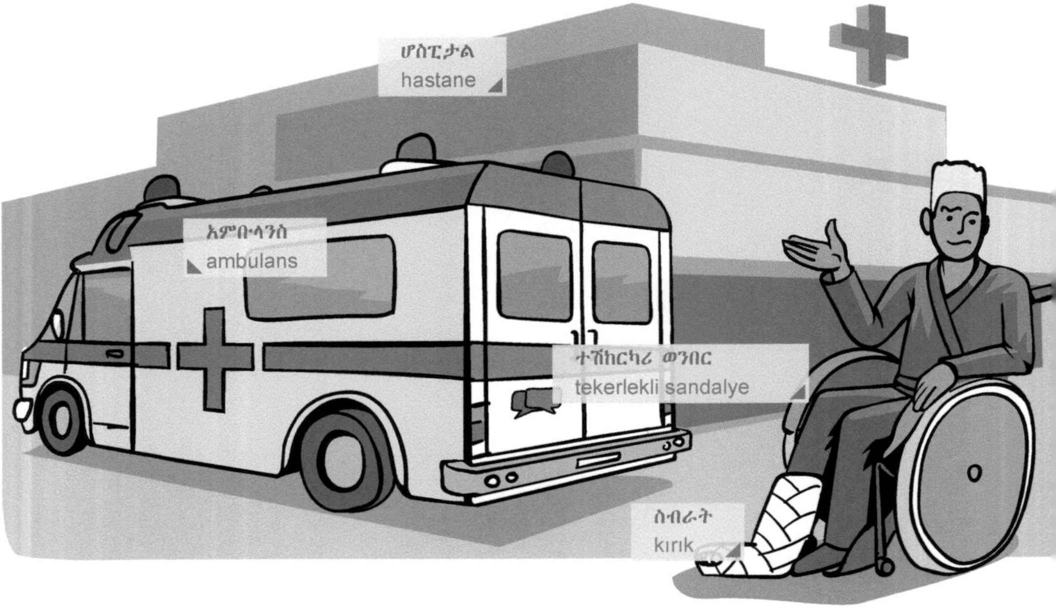

ሆስፒታል
hastane
አምቡላንስ
ambulans
ተሽከርካሪ ወንበር
tekerlekli sandalye
ስብራት
kırık

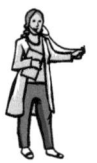

ዶክተር
doktor

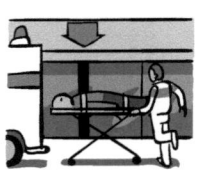

ድንገተኛ ክፍል
acil servis

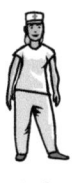

ነርስ
hemşire

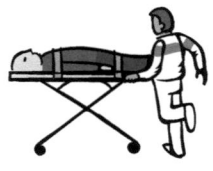

ድንገተኛ
acil

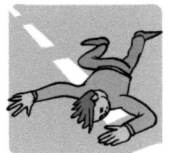

ራስን መሳት/ አለማወቅ
baygın

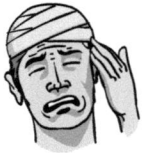

ህመም
acı

ጉዳት

yaralanma

መድማት

kanama

የልብ ድካም

kalp krizi

ስትሮክ

felç

አለርጂ

alerji

ሳል

öksürük

ትኩሳት

ateş

ኢንፍሎዌንዛ

grip

ተቅማጥ

ishal

የራስ ምታት

baş ağrısı

ካንሰር

kanser

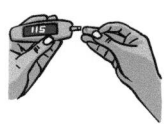

የስኳር በሽታ

şeker hastalığı

ቀዶ ጠጋኝ ሐኪም

cerrah

የቀዶ ጥገና ስለት

neşter

ቀዶ ጥገና

operasyon

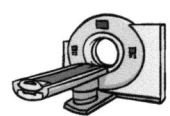

ሲቲ

bilgisayarlı tomografi

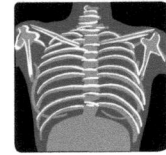

ኤክስሬዩ

röntgen

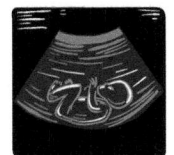

አልትራሳዉንድ

ultrason

የፊት ጭምብል

yüz maskesi

በሽታ

hastalık

መጠበቂያ ክፍል

bekleme odası

ምርኩዝ

koltuk değneği

የቁስል ማሸጊያ

yara bandı

ፋሻ

bandaj

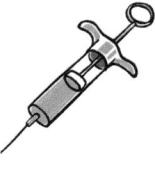

መርፌ

enjeksiyon

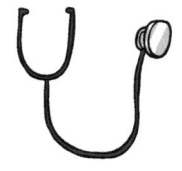

የልብ ምት ማዳመጫ መሳሪያ

steteskop

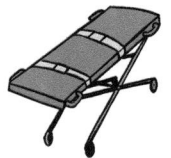

የበሽተኛ አልጋ

sedye

የህክምና ሙቀት መለኪያ መሳሪያ

tıbbi termometre

መውለድ

doğum

ክልክ ያለፈ ክብደት

fazla kilo

ለመስማት የሚረዳ መሳሪያ
....
işitme cihazı

ፀረ ተባይ መድሀኒት
....
dezenfektan

ማመርቀዝ
....
enfeksiyon

ቫይረስ
....
virüs

ኤች አይቪ ኤድስ
....
HIV / AIDS

ህክምና
....
ilaç

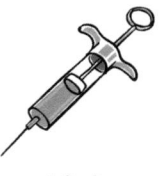

ክትባት
....
aşı

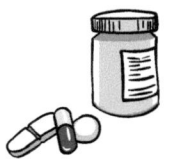

ኪኒን
....
tablet

ኪኒን
....
hap

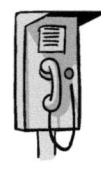

አስ ኳይ የስልክ ጥሪ
....
acil çağrı

ደም ግፊት መቆጣጠሪያ
....
tansiyon aleti

ህመም/ ጤንነት
....
hasta / sağlıklı

ድንገተኛ

acil

እርዳታ!

İmdat!

ማንቂያ ደዉል

alarm

ጥቃት

darp

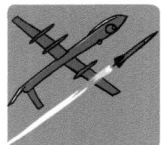

ድብደባ

saldırı

አደጋ

tehlike

የድንገተኛ መዉጫ

acil çıkış

እሳት!

Yangın!

እሳት ማጥፊያ

yangın tüpü

አደጋ

kaza

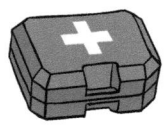

የመጀመሪያ እርዳታ መድሃኒት መያዣ

ilk yardım çantası

ነፍስ አድን

imdat

ፖሊስ

polis

አዉሮፓ

Avrupa

ሰሜን አሜሪካ

Kuzey Amerika

ደቡብ አሜሪካ

Güney amerika

አፍሪካ

Afrika

እስያ

Asya

አዉስትራሊያ

Avustralya

አትላንቲክ

Atlantik

ፓስፊክ

Pasifik

የህንድ ዉቅያኖስ

Hint Okyanusu

አንታርክቲክ ዉቅያኖስ

Antarktika Okyanusu

አርክቲክ ዉቅያኖስ

Arktik Okyanusu

ሰሜን ዋልታ

Kuzey Kutbu

ደቡብ ዋልታ
....
Güney Kutbu

አንታርክቲካ
....
Antarktika

ም ድር
....
dünya

መሬት
....
kara

ባህር
....
deniz

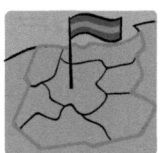

ደሴት
....
ada

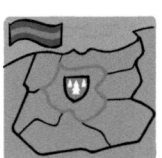

አገርና ህዝብ
....
ulus

መንግስት
....
ülke

ሰዓት
saat

የሰዓት ገፅታ

kadran

ሰዓት

akrep

ደቂቃ

yelkovan

ሴኮንድ

saniye ibresi

ስንት ሰዓት ነው?

Saat kaç?

ቀን

gün

ጊዜ

zaman

አሁን

şimdi

የቁጥር ሰዐት

dijital saat

ደቂቃ

dakika

ሰዓታት

saat

ሳምንት

hafta

ሰኞ
Pazartesi
MO
ረቡዕ
Çarşamba
W
አርብ
Cuma
FR
TU
TH
SA
SO
ቅዳሜ
Cumartesi
ማክሰኞ
Salı
ሐሙስ
Perşembe
እሁድ
Pazar

ትላንት

dün

ዛሬ

bugün

ነገ

yarın

ማለዳ

sabah

ቀትር

öğle

ምሽት

akşam

የስራ ቀናት

iş günleri

የዕረፍት ቀናት

hafta sonu

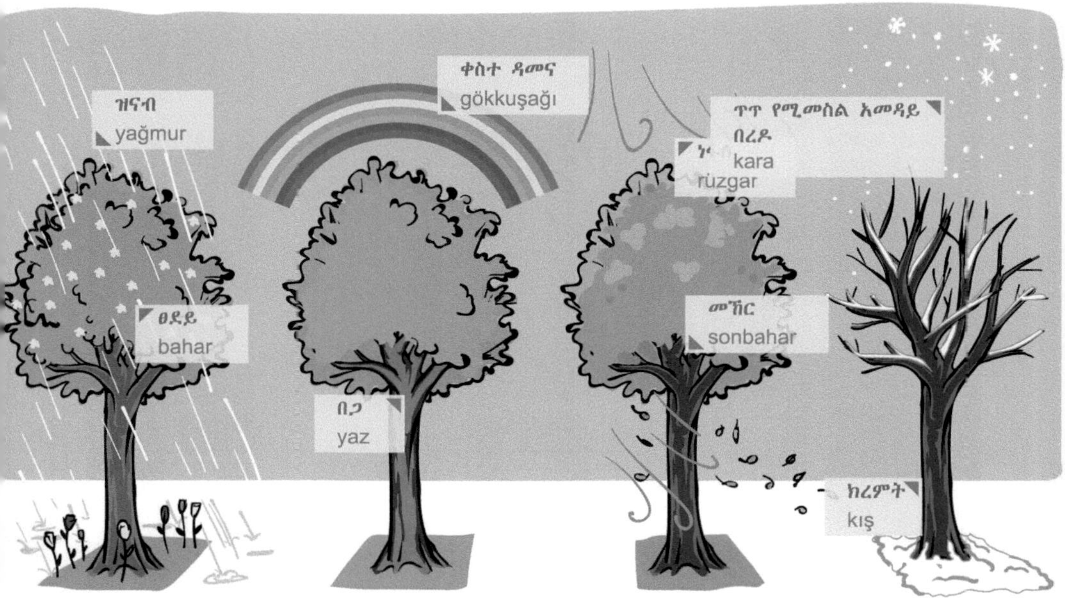

ዝናብ
yağmur
ቀስተ ዳመና
gökkuşağı
ጥጥ የሚመስል አመዳይ
በረዶ
kara
ነ
rüzgar
ፀደይ
bahar
በጋ
yaz
መኸር
sonbahar
ክረምት
kış

4.APRIL 11°
5.APRIL 4°
6.APRIL 13°
7.APRIL 8°
8.APRIL 10°

የአየር ሁኔታ ትንበያ

hava durumu tahmini

F C
120 40
90 30
60 20
30 10
0 0
-30 -10
-20

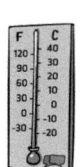

የሙቀት መለኪያ

termometre

የፀሀይ ሙቀት

güneş ışığı

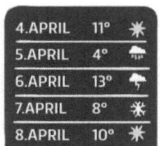

ደመና

bulut

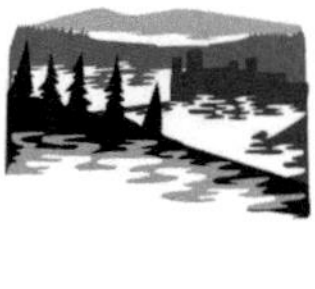

ጭጋግ

sis

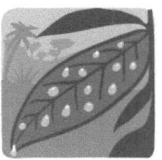

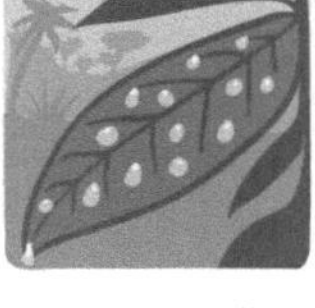

እርጥበታማነት

nem

መብረቅ

şimşek

ነጎድጓድ

gök gürültüsü

አዉሎ ንፋስ

fırtına

የበረዶ ዝናብ

dolu

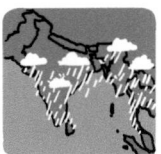

አዉሎ ንፋስ

muson

ጎርፍ

sel

በረዶ

buz

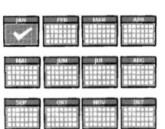

ጥር

Ocak

የካቲት

Şubat

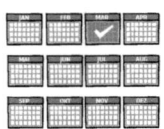

መጋቢት

Mart

ሚያዝያ

Nisan

ግንቦት

Mayıs

ሰኔ

Haziran

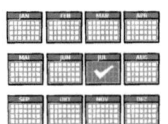

ሐምሌ

Temmuz

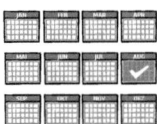

ነሀሴ

Ağustos

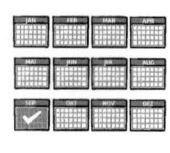

መስከረም

Eylül

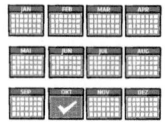

ጥቅምት

Ekim

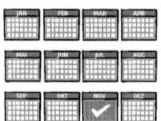

ህዳር

Kasım

ታህሳስ

Aralık

ቅርፆች

şekiller

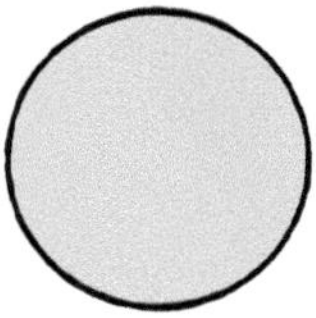

ክብ

daire

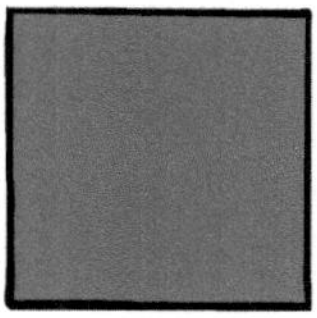

አራት ማዕዘን

kare

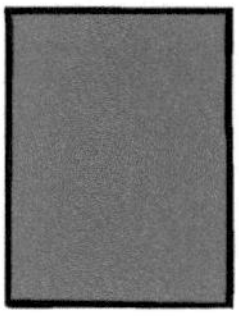

አራት ቀጥተኛ ማዕዘኖች ጎኖች ያሉት ቅርፅ

dikdörtgen

ሶስት ማዕዘን

üçgen

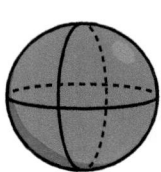

ሉል

küre

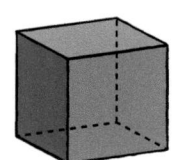

ስድስት ጎን ያለዉ ቅርፅ

küp

ቀለማት

renkler

ነጭ

beyaz

ቢጫ

sarı

ብርቱካናማ

turuncu

ሮዝ

pembe

ቀይ

kırmızı

ወይን ጠጅ

mor

ሰማያዊ

mavi

አረንጓዴ

yeşil

ቡኒ

kahverengi

ግራጫ

gri

ጥቁር

siyah

ብዙ/ ጥቂት

çok / az

ንዴት/ እርጋታ

kızgın / sakin

ቆንጆ/ አስቀያሚ

güzel / çirkin

ጅማሬ/ ፍፃሜ

başlangıç / son

ትልቅ/ ትንሽ

büyük / küçük

ደማቅ/ ደብዛዛ

parlak / karanlık

ወንድም/ እህት

erkek kardeş / kız kardeş

ንፁህ/ ቆሻሻ

temiz / kirli

የተሟላ/ ያልተሟላ

tamam / eksik

ቀን/ ምሽት

gün / gece

የሞተ/ ህያዉ

ölü / canlı

ሰፊ/ ጠባብ

geniş / dar

የሚበላ/ የማይበላ
yenilebilir / yenilemez

ክፉ/ ደግ
kötü / iyi

ደስተኛ/ ድብርተኛ
heyecanlı / sıkılmış

ወፍራም/ ቀጭን
şişman / zayıf

መጀመርያ/ መጨረሻ
ilk / son

ጓደኛ/ ጠላት
dost / düşman

ሙሉ/ ጎዶሎ
dolu / boş

ጠንካራ/ ለስላሳ
sert / yumuşak

ከባድ/ ቀላል
ağır / hafif

ረሃብ/ ጥማት
açlık / susuzluk

ህመም/ ጤንነት
hasta / sağlıklı

ህገወጥ/ ህጋዊ
yasa dışı / yasal

ጎበዝ/ ደደብ
zeki / aptal

ግራ/ ቀኝ
sol / sağ

ቅርብ/ ሩቅ
yakın / uzak

ተቃራኒዎች - zıt anlamlılar

አዲስ/ አሮጌ

yeni / kullanılmış

ምንም/ የሆነ ነገር

hiçbir şey / bir şey

ሽማግሌ/ ወጣት

yaşlı / genç

የበራ/ የጠፋ

açma / kapama

ክፍት/ ዝግ

açık / kapalı

ፀጥታ/ ጫጫታ

sessiz / gürültülü

ሃብታም/ ደሃ

zengin / fakir

ትክክለኛ/ የተሳሳተ

doğru / yanlış

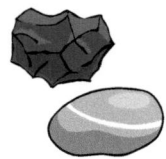

ሻካራ/ ለስላሳ

pürüzlü / düz

ሐዘን/ ደስታ

üzgün / mutlu

አጭር/ ረዥም

kısa / uzun

ዝግተኛ/ ፈጣን

yavaş / hızlı

እርጥብ/ ደረቅ

ıslak / kuru

ሞቃት/ ቀዝቃዛ

sıcak / serin

ጦርነት/ ሰላም

savaş / barış

ቁጥሮች
sayılar

0

ዜሮ

sıfır

1

አንድ

bir

2

ሁለት

iki

3

ሶስት

üç

4

አራት

dört

5

አምስት

beş

6

ስድስት

altı

7

ሰባት

yedi

8

ስምንት

sekiz

9

ዘጠኝ

dokuz

10

አስር

on

11

አስራ አንድ

on bir

12

አስራ ሁለት

on iki

13

አስራ ሶስት

on üç

14

አስራ አራት

on dört

15

አስራ አምስት

on beş

16

አስራ ስድስት

on altı

17

አስራ ሰባት

on yedi

18

አስራ ሰስምንት

on sekiz

19

አስራ ዘጠኝ

on dokuz

20

ሃያ

yirmi

100

መቶ

yüz

1.000

ሽህ

bin

1.000.000

ሚሊዮን

milyon

ቋንቋዎች

diller

እንግሊዝኛ

İngilizce

አሜሪካ እንግሊዝኛ

Amerikan İngilizcesi

ቻይና ማንዳሪን

Çince (Mandarin)

ሂንዱ

Hintçe

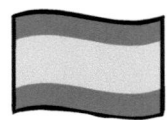

ስፓኒሽ

İspanyolca

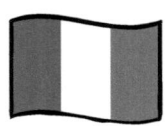

ፍሬንች

Fransızca

አረብኛ

Arapça

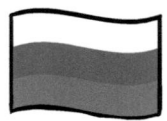

ራሺያኛ

Rusça

ፖርቱጊዝ

Portekizce

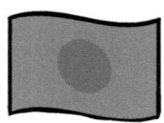

ቤንጋሊ

Bengalce

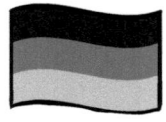

ጀርመን

Almanca

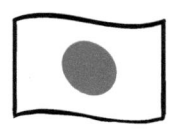

ጃፓንኛ

Japonca

ማን/ ምን/ እንዴት

kim / ne / nasıl

እኔ

....

ben

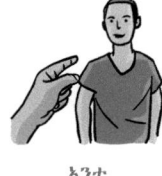

አንተ

....

sen

እሱ/ እርሷ/ እቃዉ

....

o

እኛ

....

biz

አንተ

....

siz

እነርሱ

....

onlar

ማን?

....

kim?

ምን?

....

ne?

እንዴት?

....

nasıl?

የት?

....

nerede?

መቼ?

....

ne zaman?

ስም

....

isim

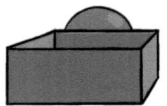

የት

nerede

በስተጀርባ

arkasında

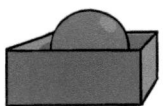

ዉስጥ

içinde

ከፊት ለፊት

önünde

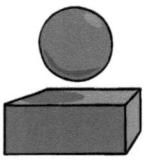

ከላይ

üzerinde

ላይ

üstünde

ከስር

altında

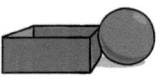

አጠገብ

yanında

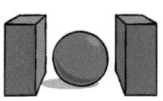

መሃከል

arasında

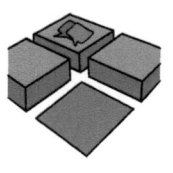

ቦታ

yer